Hommage respectueux de l'auteur J. Delaville Le Roulx

LES JOYAUX

DE LA COURONNE

D'ARAGON

EN 1303

II MARS MDCCCLXXXIX

PARIS

Couverture inférieure manquante

LES JOYAUX

DE LA COURONNE

D'ARAGON

EN 1303

II MARS MDCCCLXXXIX

PARIS
TYPOGRAPHIE DE E. PLON, NOURRIT ET Cie
8, RUE GARANCIÈRE

A

SOLENNIZZARE LE AVSPICATE NOZZE

DEL NOBILE

CONTE PAOLO DVRRIEV

COLLA NOBILE

BARONESSA FRANCESCA DVCHAVSSOY

QVESTO STORICO DOCVMENTO

IN SEGNO DELLA PIV TENERA

ED INALTERABILE AMICIZIA

PVBBLICAVA

J. DELAVILLE LE ROULX

LES JOYAUX

DE LA

COURONNE D'ARAGON

EN 1303

Le document que nous publions faisait partie des archives de l'ancien prieuré de Catalogne et d'Aragon de l'ordre de Saint-Jean de Jérusalem; il y était entré avec les titres de propriété des biens de l'ordre supprimé du Temple dévolus aux Hospitaliers. Il est aujourd'hui conservé sous la cote: 23 arm., comuns 1, sach. A. n° 98, au monastère des religieuses de Saint-Jean de Jérusalem à San Gervasio de Cassolas (banlieue de Barcelone), où les archives du prieuré de Catalogne et d'Aragon ont trouvé un abri récent.

C'est, à proprement parler, la décharge donnée par un chevalier aragonais, Bernard Senesterra, que le roi Jacques II d'Aragon avait chargé de retirer des joyaux qu'il avait remis en gage entre les mains des Templiers. A quelle époque, dans quelles circonstances, et pour quelle somme cet engagement avait-il eu lieu? Nous l'ignorons; le seul point que nous puissions constater, c'est le rôle financier important joué par l'ordre du Temple, et cette constatation apporte une confirmation nouvelle aux conclusions que sur ce point M. Léopold Delisle, notre savant maître, vient de mettre en pleine lumière[1].

La série des objets engagés ne laisse aucun doute sur leur provenance; c'étaient

[1] L. Delisle, *Mémoires sur les opérations financières des Templiers* dans *Mémoires de l'Académie des Inscriptions et Belles-Lettres*, XXXIII, 2e partie, p. 1 et suiv.

les joyaux de la couronne d'Aragon, ou au moins partie d'entre eux; l'engagement portait sur la couronne, le globe, l'agrafe du manteau royal, et sur deux sceptres (*virgæ*). Ces insignes royaux, de matière d'or ou d'argent doré, étaient rehaussés de perles et de pierres précieuses, rubis, saphirs, émeraudes. On aimerait à se faire une idée, même approximative, de leur richesse intrinsèque et artistique; malheureusement les éléments d'appréciation manquent. Si l'acte de retrait avait mentionné le montant du prêt, nous eussions pu en déduire la valeur du gage.

Mais, à défaut de ces éléments, nous connaissons la forme, et jusqu'à un certain point l'importance artistique de ces attributs royaux. Le sceau de Jacques II, sur lequel le souverain est représenté avec le type de majesté, nous a été conservé[1]. La reproduction que nous en donnons ici permet de voir, sur un monument contemporain et officiel, en plein usage, les divers objets déposés chez les Templiers. La couronne, ouverte, est à trois fleurons très richement ornés; le sceptre, terminé par un véritable faisceau de branches, justifie le nom de *virga* qu'il porte dans l'inventaire; le globe, surmonté d'une croix à double croisillon, est tenu par le roi de la main gauche; en France,

[1] Sceau de cire de 110 millimètres de diamètre, appendu à un document du 8 décembre 1299 ; légende : DILIGITE : IVSTICIAM : QVI : IVDICATIS [TERRAM (Sap. I, ℣ I) : ET : OCCULI : VESTRI VIDE]ANT (Ps. 16, ℣ 2) EQVITATEM. Le contre-sceau, au type équestre, de même dimension que le sceau, porte : ✠ S. IACOBI DEI GR[A REGIS ARAGONIE, VALENCIE] ET MVRCIE AC COMITIS BARCH[INONENSIS]. (Douet d'Arcq, *Coll. des sceaux des archiv. de l'empire*, III, nº 11228). Nous avons pu compléter les légendes grâce aux renseignements que M. de Sagarra de Barcelone a bien voulu nous communiquer.

cette pièce, inconnue parmi les attributs royaux, est remplacée par un fleuron et depuis le quatorzième siècle par le bâton de justice. L'agrafe du manteau n'est malheureusement pas visible, mais les sceaux de majesté français nous en montrent l'usage constant à la même époque. L'ornementation du trône, dont le dossier est fretté de petits écussons d'Aragon, complète le caractère général d'élégance et de richesse de ce monument.

L'engagement avait eu lieu par les soins de noble Gérard de Cervellon; le retrait fut confié par le roi Jacques II aux soins de Bernard Senesterra, chevalier. Celui-ci, porteur d'une lettre royale adressée à frère Bérenger de Cardona, prieur du Temple en Aragon et Catalogne, en date du 16 juin 1303, et d'un reçu du roi daté du lendemain (17 juin), se présenta à Lérida devant le prieur, et prit livraison, le 23 juin suivant, des bijoux dont il donna reçu à celui-ci.

Il ne nous a pas paru sans intérêt de publier le reçu de Bernard Senesterra. Les inventaires de cette époque sont rares, surtout les inventaires royaux; celui des joyaux d'Aragon a donc sa place marquée à côté de ceux de Saint-Paul de Londres (1295)[1], de Boniface VIII[2], de Louis le Hutin (1319)[3], de la reine Clémence de Hongrie (1328)[4] et d'Édouard III (1330)[5].

[1] Dugdale, *Monasticon Anglicanum* (éd. de 1673), III, p. 309.

[2] E. Molinier, *Bibl. de l'Éc. des Ch.*, années 1882, p. 276 et 626; 1884, p. 31; 1885, p. 16; 1886, p. 646; 1888, p. 226.

[3] Cte de Soultrait dans *Société Nivernaise des Sciences et Lettres*, Nevers, 1879, 4°, col. 618, et Bibl. nat. fr. 7875.

[4] Bibl. nat., mél. Clairambault, t. XI.

[5] *Archaeologia*, X, p. 242.

Noverint universi quod ego Bernardus Senesterra scienter cum hoc presenti publico instrumento confiteor, et in veritate recognosco vobis venerabili fratri Berengario de Cardona, domorum milicie Templi in Aragonia et Catalonia magistro, et visitatori in Hispania generali[1], quod vos, de mandato domini regis

[1] Ce personnage appartenait à une des premières familles de Catalogne; Cardona était une des neuf vicomtés primitives de Catalogne; ses seigneurs, qui portaient : écartelé en sautoir, aux 1 et 4 d'or à quatre pals de gueules, au 2e de gueules à 3 cœurs (cardos) percés de 3 épingles d'or posés 2 et 1, au 3e d'azur semé de lys d'or, brisé d'un lambel de gueules à trois pendants, étaient alliés aux Urgel, aux Pallars, à toutes les familles princières de Catalogne et même à la famille royale d'Aragon. Leur généalogie signale, aux douzième et treizième siècles, deux maîtres de la chevalerie du Temple en Espagne, mais ils ne peuvent être identifiés avec frère

literatorie vobis facto, et cum albarono apoche ab eodem domino rege vobis facto, tradidistis michi et ego habui et recepi a vobis :

Quandam coronam auri, que est in undecim peciis cum diversis lapidibus preciosis et perlis grossis veris. Et de una dictarum undecim peciarum sunt remote quinque *perles*[1] propter fractionem fili argenti in quo erant; set sunt

Bérenger de Cardona. La seule trace que nous trouvions de celui-ci, c'est la mention d'un D. Bérenger, fils naturel de D. Ramon Folch, 10e vicomte de Cardona, mort en 1320, sur lequel le généalogiste ne donne aucun détail.

Quoi qu'il en soit, frère Bérenger de Cardona, d'abord commandeur du Temple de Miravet, était dès 1292 prieur d'Aragon et de Catalogne; en 1294, d'après Zurita, il échangea au roi d'Aragon Tortose contre Peñiscola, et en 1296, assisté de D. Raymond de Ribellas, prieur des Hospitaliers en Espagne, il accompagna à Daroca l'infante Doña Isabelle à l'époque du couronnement de la reine Blanche. Il était encore maître du Temple en février 1306, mais mourut avant le procès des Templiers. —(Barcelone, arch. de S. Gervasio, arm. de Cervera, sach. D. nº 486; — Llobet, *Declaracion del arbol de la genealogia... de los... duques de Cardona...* (Barcelone, 1665, 4º) passim; — Zurita, *Anales de la Corona de Aragon*, part. I, f. 356 et 365, — Michelet, *Procès des Templiers*, II, 449, 453.)

[1] Les noms des pierres précieuses, dans ce document, sont donnés en Catalan.

ipse quinque *perles* nunc in quodam filo sirici in dicta corona imposite. Et inter alios lapides preciosos sunt in dicta corona quinquaginta et sex *balays* grossi, et triginta duo *saffirs* grossi, et undecim *maracdes,* et centum decem et octo *perles* grosse, computetis et inclusis dictis quinque perlis inde remotis, ut superius est jamdictum. Sunt etiam in dicta corona plures alii lapides preciosi minuti, et est dicta corona in quadam caxia fustea.

Item, tradidistis michi et ego habui et recepi a vobis quandam virgam argenti deauratam, intus vacuam.

Item, quoddam pomum auri, intus vacuum, cum quadam cruce supra ipsum pomum, in qua sunt duodecim *perles* grosse vere in circuitu ipsius crucis, et decem lapides preciosi, scilicet quinque *saffirs* et quinque *balays*; quod pomum est in quodam *estoig* corei rubey.

Item, quandam florem auri cum quodam

lapide precioso grosso, vocato *rubiz,* imposito in capite seu sumitate dicti floris, et cum quodam perla imposita supra ipsum *rubiz.*

Item, quandam virgam auri, intus tamen vacuam, in altero capite cujus sunt aliqui *ermauts,* et in altero est quidam lapis grossus qui videtur fore *crestayll,* et in capite ipsius est quedam crux, ex quatuor perlis et uno *balays* et uno saffiro facta. Et dicta virga est in quodam *estoig* virmilii corii.

Que quidem omnia supradicta michi tradidistis, ut dictum est. Renuncians scienter exceptioni predictorum omnium et singulorum per vos michi non traditorum et per me non receptorum, et doli, et in factum.

Tenor autem mandati sive litere domini regis predicti sequitur sub hac forma :

« Jacobus[1], Dei gratia rex Aragonum, « Valencie et Murcie, comesque Barchinone, « ac sancte Romane ecclesie vexillarius, am-

[1] Jacques II le Juste (1291—1327).

« miratus et capitaneus generalis, venerabili « et dilecto fratri Berengario de Cardona, « magistro milicie Templi in Aragonia et « Catalonia, salutem et dilectionem.

« Rogamus vos ac vobis dicimus et man- « damus quatinus, visis presentibus, tradatis « nomine et pro parte curie nostre, dilecto « militi nostro Bernardo Senesterra omnes « illas joyas nostras quas recepistis a nobili « Geraldo de Cervilione, qui eas a nobis « tenebat pro aliquibus quantitatibus peccunie « obligatas. Et cum eas sibi tradideritis, a « vobis inde paccati erimus et contenti.

« Datum in Farissa, XVI° kalendas julii, « anno Domini M° CCC° tercio. »

Tenor vero predicti albarani sive apoche predicte talis est :

« Nos Jacobus, Dei gratia rex Aragonum, « Valencie et Murcie, comesque Barchinone, « ac sancte romane ecclesie vexillarius, am- « miratus et capitaneus generalis, confitemur

« et recognoscimus vobis venerabili fratri « Berengario de Cardona, magistro milicie « Templi in Aragonia et Catalonia, quod, de « mandato nostro vobis facto cum litera nostra « tradidistis et deliberastis dilecto militi nostro « Bernardo Senesterra omnes illas joyas nos- « tras, quas vos tenebatis pro nobis e nobili « Geraldo de Cervellione, et ipsas ab eodem « nobili pro parte curie nostre receperatis. « Ex quibus quidem joyis seu jocalibus supra- « dictis a vobis paccati sumus et contenti. In « cujus rey testimonium jussimus vobis sigil- « lari presentem cartam nostram.

« Datum in Farissa, quinto decimo kalendas « julii, anno Domini M° CCC° tercio. »

Quod est actum nono kalendas julii, anno Domini millesimo tricentesimo terçio.

Signum Bernardi Senesterra predicti, qui hoc concedo et firmo, firmarique rogo.

Signum Sicherti de Pals, socrus (*sic*) dicti Bernardi Senesterra.

Signum Bernardi d'Aramon carnificis, testium.

Signum mei Natalis Ferrarii, notarii publici Ilerdensis, qui hoc scribi feci et clausi, et predictis interfui die et anno prefixis.

www.ingramcontent.com/pod-product-compliance
Ingram Content Group UK Ltd.
Pitfield, Milton Keynes, MK11 3LW, UK
UKHW020413250726
13967UKWH00006B/2616